Une méthode de travail pensée en 50 activités

✏️ Quand les mots" écrire" et "crayon" font résonner stress, peur et inquiétudes de ne pas y arriver, il est alors temps de trouver des moyens plus ludiques pour travailler l'écriture..

✏️ **Loin des écrans, ce cahier est pensé, avant tout, dans le but de retrouver plaisir à tenir un crayon en main !**

Une alternance entre :
-20 activités d'écriture
-20 activités de détente et de confiance en soi
-10 activités pour s'amuser
-des pages de dessins

Bonjour ! Je suis votre graphothérapeute

Stéphanie Zouvi-Merianne

À mon sujet

Passionnée d'écriture
Adore écrire
Collectionne tous les stylos et crayons existants

Mon expérience

Enseignante et graphothérapeute
J'accompagne les enfants, adolescents et adultes.

Faits Amusants

J'aime inventer de nouveaux jeux pour aider votre écriture à s'améliorer..

Attentes

Conception d'une méthode pour améliorer son geste.

Mes coordonnées

Retrouvez-moi sur
Facebook : Stéphanie ZM graphothérapeute var
Instagram : stephaniegraphotherapeute

SOMMAIRE

Gym des doigt — 1
Posture de l'écrivain — 2
Feuille de l'écrivain — 3
Stylo de l'écrivain — 4

Activité 1 : Activité graphique : les traits horizontaux — 5
Activité détente : l'escalier de la confiance — 6

Activité 2: Activité graphique : les traits verticaux — 7
Activité détente : Mon visage — 8

Activité 3 : Activité graphique : les ponts et courbes — 9
Activité détente : Ma fleur — 10

Activité 4: Activité graphique : les boucles — 11
Activité détente : le stylo danseur — 12

Activité 5 : Activité graphique : les ronds — 13
Activité détente : je t'aime — 14

Activité 6 : Activité graphique : folles tenues de ligne — 15
Activité détente : Mon sourire — 16

Activité 7 : Activité graphique : tenue de lignes — 17
Activité détente : De compliments — 18

Activité 8 : Activité graphique : calligrammes — 19
Activité détente : J'imagine — 20

Activité 9 : Activité graphique : se repérer	21
Activité détente : C'est la fête	22
Activité 10 : Activité graphique : Main sous la ligne	23
Activité détente : Miroir	24
Activité 11 : Activité graphique : Lettres rondes	25
Activité détente : Le poubelle	26
Activité 12 : Activité graphique : Cherche-écris	27
Activité détente : Fabuleux carrés	28
Activité 13 : Activité graphique : Vite!	29
Activité détente : Respire	30
Activité 14 : Activité graphique : 1,2,3, partez!	31
Activité détente : De l'art	32
Activité 15 : Activité graphique : Des bonbons	33
Activité détente : Moi	34
Activité 16 : Activité graphique : Tautogramme	35
Activité détente : Ma liste du mieux	36
Activité 17 : Activité graphique : Lettres pointes	37
Activité détente : L'accordéon	38
Activité 18 : Activité graphique : Lettres boucles	39
Activité détente : Le respi'graph	40
Activité 19 : Activité graphique : Je forme	41
Activité détente : Qui suis-je ?	42

Activité 20 : Activité graphique : Histoire drôle — 43

Activité détente : Je m'aime — 44

Détente et amusement : — 45 à 54

Pages dessins libres : — 54

Je créé ma BD : — 67

GYM DES DOIGTS

À PRATIQUER AVANT CHAQUE ACTIVITÉ POUR DÉLIER ET DONNER DE LA SOUPLESSE AUX DOIGTS.

 FERME ET OUVRE LE POINT PLUSIEURS FOIS

 LE POUCE FAIT UN BISOU À CHAQUE DOIGT PLUSIEURS FOIS

 REPLIER CHAQUE DOIGT PLUSIEURS FOIS

 JE FROTTE MES MAINS PLUSIEURS FOIS

JE FAIS MARCHER INDEX ET MAJEUR PLUSIEURS FOIS

 J'APPLAUDIS PLUSIEURS FOIS POUR ME FÉLICITER

POSTURE DE L'ÉCRIVAIN

A VÉRIFIER AVANT CHAQUE SITUATION D'ÉCRITURE.

 PIEDS POSÉS AU SOL OU SUR UN MARCHE PIEDS.
DOS DROIT.
AVANT-BRAS POSÉS SUR LA TABLE.

 BON ÉCLAIRAGE, BONNE HAUTEUR DU MOBILIER
BUREAU RANGÉ.

 DOS VOUTÉ, TÊTE TROP PENCHÉE, POIGNET CASSÉ, BUSTE TORDU, MAUVAISE HAUTEUR DU MOBILIER, FAVORISENT DOULEURS, INCONFORT ET GÊNE DU GESTE D'ÉCRITURE.

FEUILLE DE L'ÉCRIVAIN

A VÉRIFIER AVANT CHAQUE SITUATION D'ÉCRITURE.

JE SUIS DROITIER

JE PENCHE MA FEUILLE
JE PASSE MA MAIN SOUS LA LIGNE D'ÉCRITURE
MON POIGNET EST DROIT

JE SUIS GAUCHER

JE PENCHE MA FEUILLE
JE PASSE MA MAIN SOUS LA LIGNE D'ÉCRITURE
MON POIGNET EST DROIT

TENUE DE STYLO DE L'ÉCRIVAIN

A VÉRIFIER AVANT CHAQUE SITUATION D'ÉCRITURE.

JE TIENS BIEN MON STYLO

INDEX POSÉ SUR LE STYLO

LE STYLO REPOSE SUR LA COMMISSURE ENTRE POUCE ET INDEX.

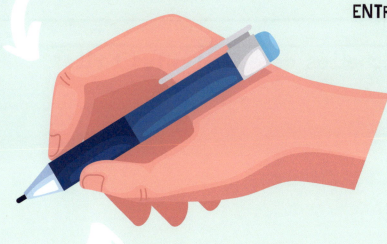

POUCE POSÉ SUR LE STYLO

BONNE PRISE DE STYLO = GESTE CONFORTABLE ET SANS DOULEURS

ACTIVITÉ N°1

Activité graphique : les traits horizontaux

Suis le tracé avec ton index.

Dessine des échelles de différentes tailles.

Dessine les étagères de la bibliothèque

DÉTENTE

Activité confiance en soi n°1

Colorie l'escalier de la confiance et ajoute des dessins sur les dernières marches

J'aime être moi

Je peux réussir

Je souris

J'ai des qualités

Je me dis merci

Je fais de mon mieux

Je crois en moi

ACTIVITÉ N°2

Activité graphique : les traits verticaux

Trace des flèches de bas en haut en disant "tic".

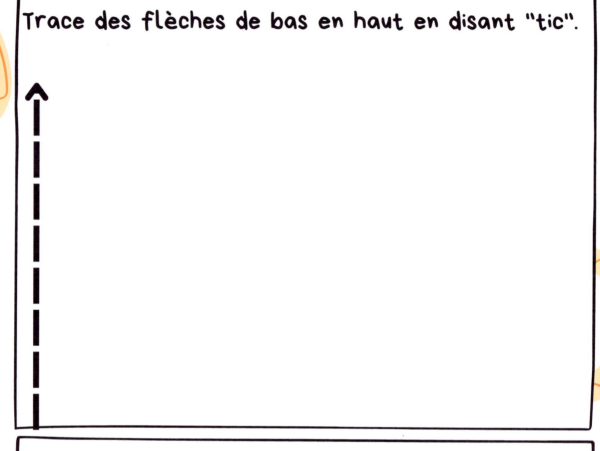

Trace des flèches de haut en bas en disant "tac".

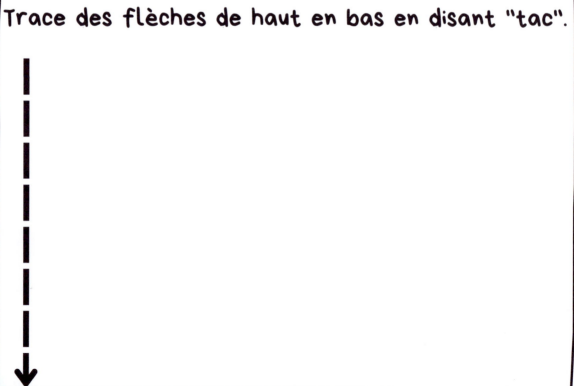

DÉTENTE

Activité confiance en soi n°2

Dessine ton visage avec l'émotion que tu ressens en ce moment.

ACTIVITÉ N°3

Activité graphique : les courbes et ponts

Dessine les chemins jusqu'aux maisons en évitant les arbres.

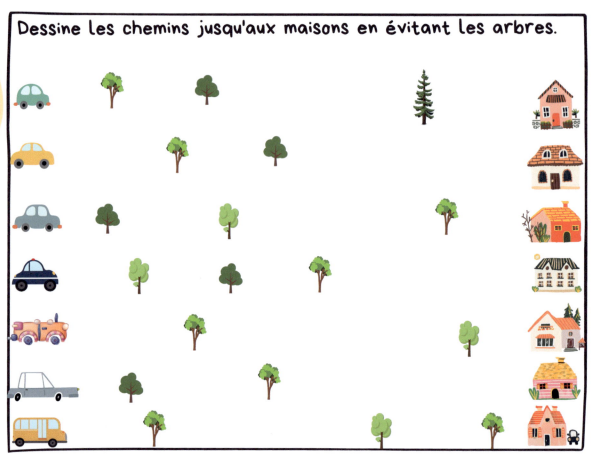

Aide l'athlète à sauter les obstacles.

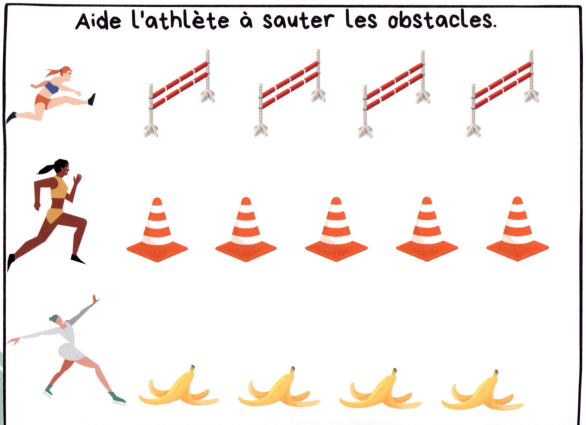

DÉTENTE

Activité confiance en soi n°3

ÉCRIS UNE DE TES QUALITÉS DANS CHAQUE PÉTALE.

La fleur de mes qualités

DESSINE DES FLEURS DE TOUTES LES FORMES

ACTIVITÉ N°4

Activité graphique : les boucles

Aide l'avion à éviter les nuages dans le ciel.

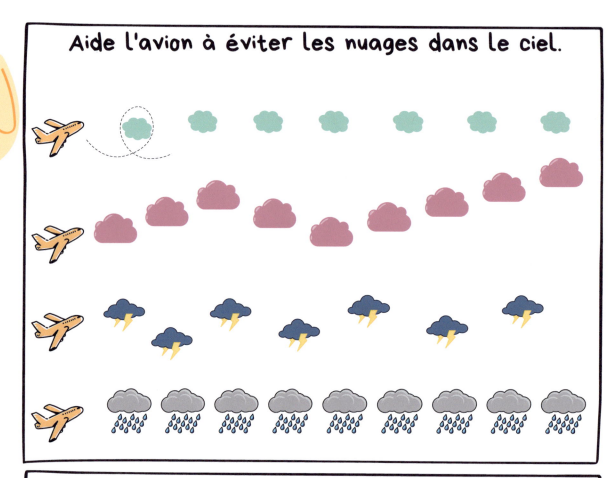

Déroule le fil des pelotes de laines en faisant des boucles folles dans tous les sens !

DÉTENTE

Activité confiance en soi n°4

FERME LES YEUX ET FAIS DANSER **TON** CRAY**ON** EN ÉC**O**UTANT UNE MUSIQUE, TU PEUX ENSUITE C**OLO**RIER LES F**O**RMES P**O**UR EN FAIRE DES DESSINS.

COMMENT TE SENS-TU APRÈS CETTE DANSE?

ACTIVITÉ N°5

Activité graphique : les ronds

Reproduis ce beau collier de perles.
Attention! tu dois démarrer chaque rond en haut à droite!

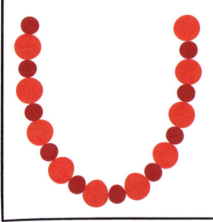

Prépare un bon repas en remuant tes casseroles en faisant des ronds dans le bon sens.

DÉTENTE

Activité confiance en soi n°5

DESSINE LES PERSONNES QUE TU AIMES.

 À QUELLE COULEUR RESSEMBLE TON ÉMOTION DE MAINTENANT?
COLORIS LA CASE AVEC CETTE COULEUR.

ACTIVITÉ N°6

Activité graphique : tenue de ligne

Écris le plus de mots possibles sur la ligne de chaque rond.
Attention! ça va donner le tournis !

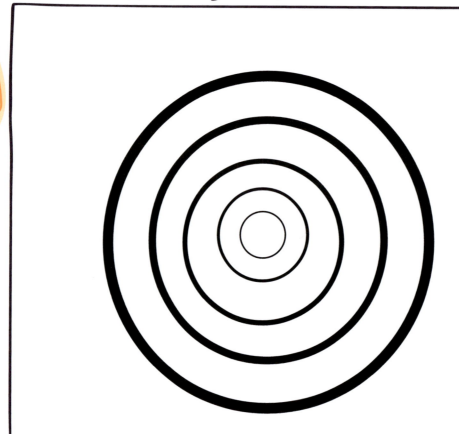

Écris les mots "avion", "micro", "écrire". Attention à poser les lettres sur la ligne folle.

DÉTENTE

Activité confiance en soi n°6

ÉCRIS 6 CHOSES QUI TE FONT SOURIRE.

DESSINE UN JOLI SOURIRE :)

ACTIVITÉ N°7

Activité graphique : tenue de ligne

les mots s'accrochent toujours sur la ligne.
A toi de jouer! et d'écrire des phrases.

Écris le plus petit possible : Le chat boit.

Écris le plus gros possible : Le chat boit.

DÉTENTE

Activité confiance en soi n°7

COMPLIMENTS À DÉCOUPER ET À DISTRIBUER

Compliments

- Tu es gentil (lle)
- Tu es unique
- J'aime ton sourire
- Tu as de bonnes idées
- J'aime rire avec toi
- Tu es merveilleux (se)
- Tu es génial (e)
- Tu es adorable
- Tu es joli (e)
- J'aime le son de ta voix

ACTIVITÉ N°8

Activité graphique : écriture et tenue de ligne

Réalise un calligramme avec la forme et la phrase de ton choix.

DÉTENTE

Activité confiance en soi n°8

LE DESSIN A ÉTÉ DÉCHIRÉ, À **TOI** DE LE **CONTINUER**.

ACTIVITÉ N°9

Activité graphique : écriture et repérage

Réalise un motif de ton choix en reliant les points.

DÉTENTE
Activité confiance en soi n°9

OBSERVE ET RÉALISE LA MÊME GUIRLANDE

DESSINE UN OBJET QUI TE FAIS PENSER À LA FÊTE.

ACTIVITÉ N°10

Activité graphique : tenue de ligne et posture

Repasse chaque ligne à l'aide d'un surligneur mais sans utiliser la règle. Tu dois essayer de repasser en t'arrêtant le moins possible ! Attention la main est sous la ligne d'écriture.

Activité confiance en soi n°10

PRENDS LA FEUILLE À L'HORIZONTALE. DESSINE LE MÊME DESSIN ET EN MÊME TEMPS DE LA MAIN DROITE ET DE LA MAIN GAUCHE.

De quelle main es-tu le plus doué?

ACTIVITÉ N°11

Activité graphique : les lettres rondes

a , o , c, d, g, q

Pour tracer les ronds de ces lettres, je
- commence toujours en haut à droite
- poursuis la lettre sans lâcher le stylo

à toi d'essayer

DÉTENTE
Activité confiance en soi n°11

LA POU....BELLE

ÉCRIS DANS LA POUBELLE TOUT CE QUI TE FAIS RESSENTIR COLÈRE, HONTE, PEUR, CHAGRIN, JALOUSIE...

ON JETTE TOUT LE POUUUUU ET ON GARDE QUE LE BELLE !

ACTIVITÉ N°12

Activité graphique : écriture et invention

Écris un mot sous chaque image, puis écris une phrase avec tous les mots trouvés (attention à bien former tes lettres rondes).

DÉTENTE

Activité confiance en soi n°12

RÉALISE DEUX CARRÉS FABULEUX. DESSINS ET MOTS DE TON CHOIX.

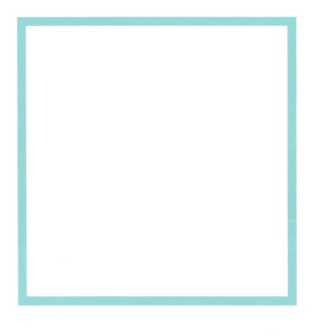

ACTIVITÉ N°13

Activité graphique : vitesse et fluidité

Repasse plusieurs fois sur les tracés glissés sans t'arrêter.
Attention, garde le poignet bien fixe.

Fais pareil avec le "e", "l", "u", "h" sans t'arrêter !

DÉTENTE
Activité confiance en soi n°13

MA MAIN RESPIRE : INSPIRE PAR LE NEZ QUAND LA FLÈCHE MONTE PUIS EXPIRE PAR LA BOUCHE QUAND LA FLÈCHE DESCEND.

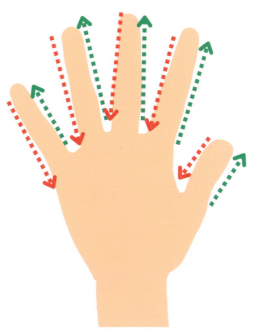

Comment je me sens?

ACTIVITÉ N°14

Activité graphique : vitesse et fluidité

Mets toi au départ et choisis un chiffre dans ta tête.
Compte le nombre de case.
Reproduis la forme sur laquelle tu tombes, Recommence pour faire toutes les formes vite et bien!

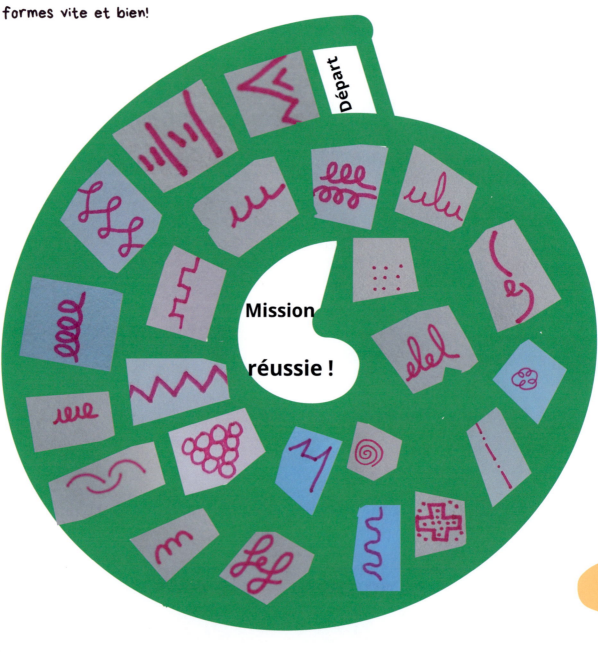

DÉTENTE
Activité confiance en soi n°14

CONTINUE LE MANDALA AVEC LES FORMES QUE TU VEUX PUIS COLORIS-LE.

Tu peux aussi rajouter et coller des images collectées dans les journaux et magazines.

ACTIVITÉ N°15

Activité graphique : écriture et plaisir

Observe ces bonbons.

Écris tous les mots qui te viennent en regardant ces bonbons.

DÉTENTE

Activité confiance en soi n°15

ACTIVITÉ N°16

Activité graphique : tautogramme

Écris des phrases. Attention ! Chaque mot doit commencer par la même lettre!

Manon Met Mon Manteau Marron.

Pense à la majuscule et au point.

Trouve un tautogramme avec des mots commençant tous par " b ".

DÉTENTE

Activité confiance en soi n°16

LA LISTE

ÉCRIS LA LISTE DE CE QUI T'AIDE À TE SENTIR MIEUX

ACTIVITÉ N°17

Activité graphique : lettres pointes

Reproduis les oiseaux.

Reproduis les vagues de la mer qui est agitée.

Complète les pointes du hérisson.

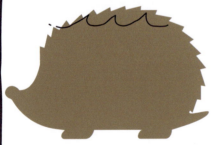

Réalise les lettres suivantes : i , u, t

DÉTENTE
Activité confiance en soi n°17

L'ACCORDÉON À MIMER

QUAND J'OUVRE GRAND L'ACCORDÉON JE CRIS FORT FORT !

QUAND JE REFERME L'ACCORDÉON JE MURMURE UN MOT TOUT DOUX.

ACTIVITÉ N°18

Activité graphique : les lettres boucles

Continue les boucles en respectant la taille.

Réalise les lettres "e", "l", "b", "h", "f".

DÉTENTE

Activité confiance en soi n°18

LA RESPI'GRAPH

JE DESSINE AU DOIGT LA SPIRALE

J'INSPIRE PAR LE NEZ QUAND J'ENROULE

J'EXPIRE PAR LA BOUCHE QUAND JE DÉROULE

RESPIRATION ET DÉTENTE POUR UN GESTE DÉTENDU.

ACTIVITÉ N°19

Activité graphique : formation de lettres

Écris les lettres de l'alphabet (en cursif) dans les cases. Pense à ta posture et au sens de formation des lettres.

DÉTENTE

Activité confiance en soi n°19

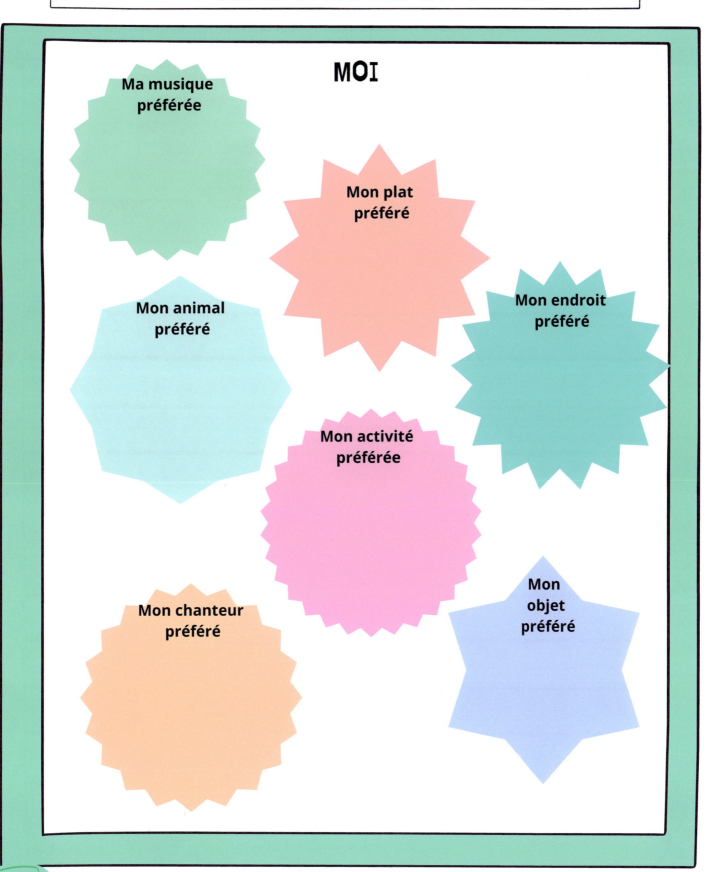

ACTIVITÉ N°20
Activité graphique : écriture et créativité

Raconte une histoire avec à l'intérieur :

DÉTENTE

Activité confiance en soi n°20

5 CHOSES QUE J'AIME À PROPOS DE MOI

1.

2.

3.

4.

5.

OUTIL DÉTENTE

JE ME SENS COMMENT ?

- HEUREUX
- ÉNERVÉ
- CONTENT
- FIER
- JOYEUX
- SURPRIS
- INQUIET
- FATIGUÉ
- DÉTENDU
- AGRESSIF
- TRISTE
- APAISÉ
- SOUCIEUX
- CONFIANT
- FÂCHÉ
- DÉPRIMÉ
- GÊNÉ
- SATISFAIT
- DÉCOURAGÉ
- TENDU
- DÉBORDÉ
- APEURÉ
- EXCITÉ
- AIMÉ
- ENDORMI
- BLESSÉ

OUTIL DÉTENTE

J'AI BESOIN DE QUOI ?

- UN CÂLIN
- RESTER SEUL
- REGARDER LE CIEL
- RESPIRER
- TENIR LA MAIN D'UNE PERSONNE
- CRIER DANS UN COUSSIN
- GRIBOUILLER SUR UNE FEUILLE
- BOIRE UNE BOISSON CHAUDE
- PASSER DU TEMPS AVEC UN ANIMAL
- FAÇONNER DE LA PÂTE À MODELER
- LIRE
- M'ALLONGER ET ME REPOSER
- SAUTER
- MODELER DE L'ARGILE
- COURIR
- DISCUTER AVEC UNE PERSONNE
- RIRE
- ÉCOUTER UNE MUSIQUE
- FAIRE UNE BALLADE DANS LA NATURE
- SENTIR L'ODEUR DES FLEURS
- DESSINER
- D'ENTENDRE DES ENCOURAGEMENTS
- D'AVOIR DE L'AIDE
- JOUER AVEC UNE PERSONNE
- ÉCRIRE UNE HISTOIRE
- FAIRE DE LA PEINTURE

ON S'AMUSE !

Lettre d'amour à moi-même
Je m'écris pour me dire et m'expliquer que je m'aime !

_____
_____
_____
_____
_____
_____
_____
_____
_____
_____
_____
_____
_____
_____
_____
_____
_____

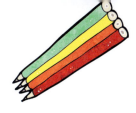

ON S'AMUSE !

Coloris notre jolie planète fleuries.

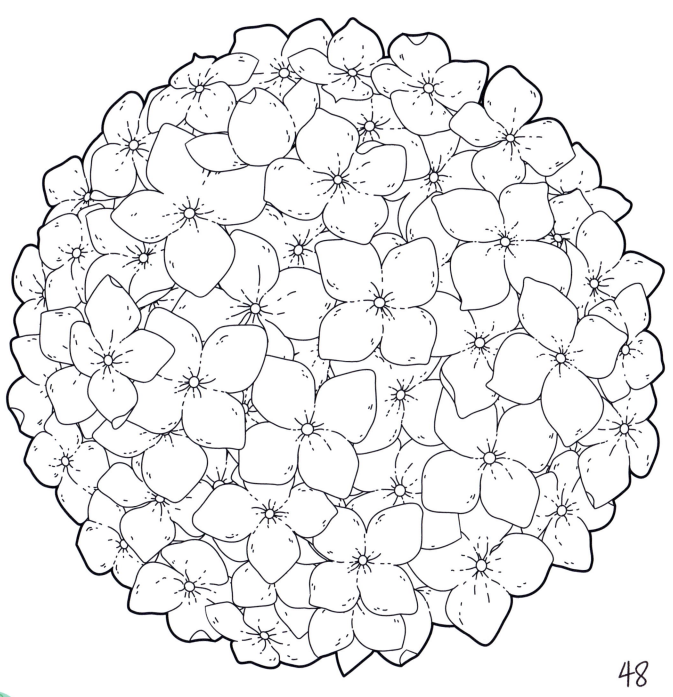

ON S'AMUSE !

Décris ta journée idéale! Une journée où tu ferais ce que tu veux ! Une journée oui à tout!

_____
_____
_____
_____
_____
_____
_____
_____
_____
_____
_____
_____
_____
_____

ON S'AMUSE !
Écris une lettre et offre - là !

ON S'AMUSE !

Ce qui va être super demain c'est ...

(dessine, écrit, ou les deux !) .

ON S'AMUSE !

Retrouve le bon chemin pour écrire la bonne lettre cursive qui lui correspond.
(b, h, n, a, s, g)

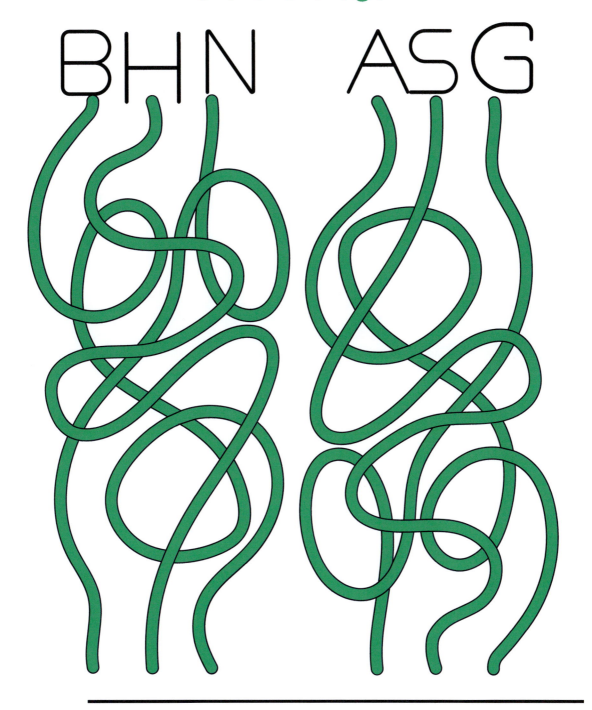

ON S'AMUSE !
Trouve l'intrus

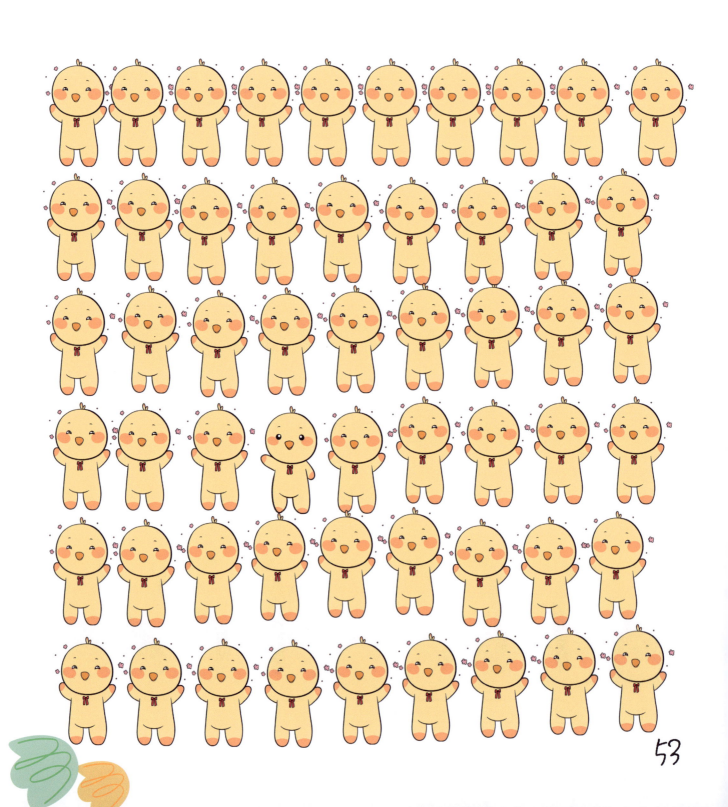

LE DÉ MAGIQUE

Découpe le dé et lance le !

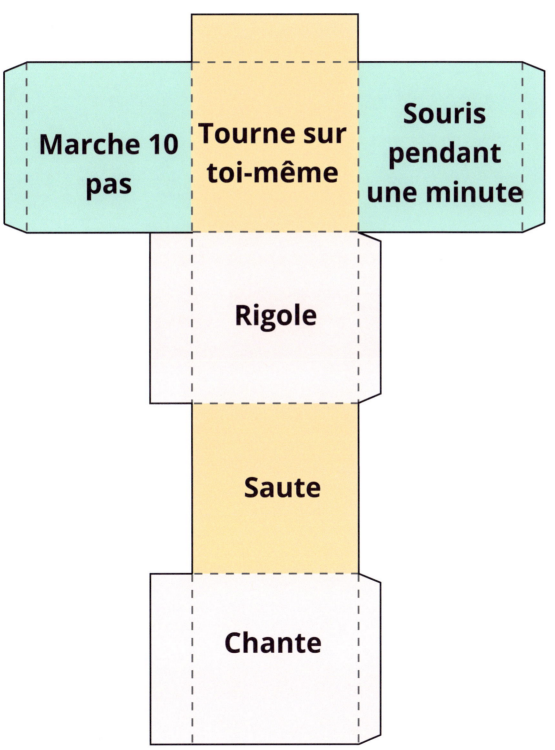

DÉFOULOIR

DÉFOULOIR

DÉFOULOIR

DÉFOULOIR

DÉFOULOIR

DESSINS LIBRES

DESSINS LIBRES

DESSINS LIBRES

DESSINS LIBRES

DESSINS LIBRES

DESSINS LIBRES

DESSINS LIBRES

Je crée ma BD

Je crée ma BD

68

Je crée ma BD

JE CRÉE MA BD

JE CRÉE MA BD

JE CRÉE MA BD

"Tous droits de reproduction, d'adaptation et de traduction, intégrale ou partielle réservés pour tous pays. L'auteur est seul propriétaire des droits et responsable du contenu de ce livre."

"Loi n°49-956 du 16 juillet 1949 sur les publications destinées à la jeunesse, modifiée par la loi n°2011-525 du 17 mai 2011".

"Le code de la propriété intellectuelle interdit les copies ou reproductions destinées à une utilisation collective. Toute représentation ou reproduction intégrale ou partielle faite par quelque procédé que ce soit, sans le consentement de l'auteur ou de ses ayants droits ou ayant cause, est illicite et constitue une contrefaçon, aux termes des articles L.335-2 et suivants du code de la propriété intellectuelle".

Copyright © 2022 Stéphanie Zouvi Merianne
Tous droits réservés.
ISBN : 9798363496868

Printed in France by Amazon
Brétigny-sur-Orge, FR

16586542R00045